JN419122

멘티와 매일매일 자수 2
휴식이 필요해

멘티와 매일매일 자수 2
휴식이 필요해

류성아 지음

〈멘티와 매일매일 자수〉 시리즈 첫번째 주제였던 '작업'에 이어
이번에 준비한 두번째 주제는 '휴식'입니다.
누구에게나 쉬어가는 시간은 반드시 필요하죠.
맛있는 음식을 해먹거나, 좋아하는 영화를 보거나, 쇼핑을 하는 등
우리는 다양한 방식으로 일상의 작은 휴식을 취하고 있어요.
이번 책에서는 그런 시간들 속에 종종 등장하는 물건이나
에피소드를 총 9가지 작품으로 풀어냈습니다.
여러분의 휴식은 어떤 것들로 채워지고 있나요?
바쁘게 지내느라 쉬는 시간을 놓치고 있진 않았는지 생각해보세요.
이 책을 통해 직접 작품을 수놓으며 편안한 휴식을 가질 수 있다면
더할 나위 없이 기쁘겠습니다. 감사합니다.

류성아
Menti

차례

작가의 말

5

스티치

디태치드 버튼홀 스티치 66 / 레이즈드 스템 스티치 68 / 레이지 데이지 스티치 70 / 롤 스티치 71 /
롱 앤드 쇼트 스티치 72 / 바스켓 필링 스티치 74 / 백 스티치 75 / 버튼홀 스티치 76 / 불리언 스티치 77 /
비즈 달기 78 / 새틴 스티치 79 / 스미르나 스티치 80 / 스트레이트 스티치 81 / 스플릿 스티치 82 /
아우트라인 스티치 83 / 우븐 피콧 스티치 84 / 체인 스티치 86 / 체인 휘프트 백 스티치 87 / 카우칭 스티치 88 /
코디드 디태치드 버튼홀 스티치 89 / 트위스티드 로즈 스티치 92 / 프렌치 노트 스티치 94 /
플라이 스티치 95 / 플랫 스티치 96 / 피스틸 스티치 97 / 휠 스티치 98

실제 크기 도안

99

준비

준비물 104 / 자수실의 종류 106 / 실 준비하기 107 / 실의 가닥 빼서 바늘 넣기 108
실 매듭 짓기 109 / 도안 옮기기 110 / 마무리하기 111

도안

낮잠 자는 토끼 24

과자 도둑 고스트 곰 30

들꽃 화병 38

춤추는 화분 40

책 읽는 곰돌이 44

마음이 차분해지는 향초 48

고소한 아이스라테 52

빵 냄새가 솔솔 54

냠냠 오픈 샌드위치 62

편한 자세로 독서 중인 곰돌이는 휴식을 즐길 줄
아는 듯해요. 이 수틀 액자 속 작품은 프랑스 자수
스티치뿐만 아니라 아플리케와 비즈 달기 등 다양한
기법들을 사용해 완성했습니다.

레몬 즙 3T 🥔

아보카도 1개 🥑

토마토 1개 🍅

후추 적당히 🧂

소금 두 꼬집 🧂

나쵸 한 봉지 🫘

맛있는 음식을 떠올리는 것만큼 행복한 것이 또 있을까요?
먹는 것도 즐겁지만 자수실로 새기면 더 즐거워요.
장식용 파슬리는 리본으로 만들면
입체감이 생겨 재미를 더해준답니다.

자수로 새긴 꽃은 영원히 시들지 않아요.
입체적인 꽃망울이 매력적인 작품을
테이블 매트에 새겨 인테리어에 활용해보세요.

하루 중 제일 행복한 간식 시간.
예쁜 그릇을 골라 좋아하는 간식을 담고
직접 수놓은 티 코스터 위에 올리면
취향이 듬뿍 담긴 나만의 홈 카페가 완성됩니다.

녹아내리는 촛농은 트위스티드 로즈 스티치로
꼬불꼬불 수놓아 표현했어요. 머릿속 많은 생각들을
촛불을 가만히 바라보며 하나씩 덜어내보세요.

정말 이불 속에 쏙 파고든 것 같지 않나요?
이불에 입체적인 볼륨을 만들어 재미를 주었어요.
새근새근 잠든 토끼를 바라보니, 잠이 스르르 올 것 같아요.

화면 밖으로 곰돌이 팔이 쭈욱!
손으로 만지면 왔다 갔다 움직이는 입체 팔로
'고스트 베어'라는 걸 증명해볼게요!

흔들흔들 이파리가 신나게 춤을 춰요.
물을 주면 이렇게 좋아하겠구나 싶어
오늘도 잊지 않고 반려 식물에게
수분을 충전해줍니다.

'휴식'하면 떠오는 몇 가지 오브제들이 모여
올록볼록 귀여운 글자 'REST'가 되었어요.
가장 좋아하는 책의 북커버로 만들어두었다가
쉬는 날 제일 먼저 꺼내들 수 있다면 좋겠죠?

이 책의 활용법

✓ 책에는 아홉 개 작품에 사용된 도안과 스티치가 모두 수록되어 있습니다.

✓ 처음 보는 스티치가 있다면, 65쪽의 '스티치'를 참고하세요.

✓ 실제 크기 도안을 이용할 때는 수용성 심지에 도안을 옮겨 사용합니다.

✓ 프랑스자수가 처음이라면, 103쪽의 '준비'부터 차근차근 시작해보세요.

도안

- 실 명칭을 따로 표기하지 않은 실 번호는 DMC사의 자수실입니다.
- 도안 설명은 '실 번호(가닥 수) 스티치명'으로 표기했습니다.

◆ 낮잠 자는 토끼

사용한 실
208, 310, 704, 826, 839, 904,
938, 3328, 3864, BLANC

사용한 스티치
디테치드 버튼홀, 레이지 데이지, 롱 앤드 쇼트, 백, 불리언, 새틴, 스트레이트,
스플릿, 아웃트라인, 코티드 디테치드 버튼홀, 프렌치 노트, 플라이

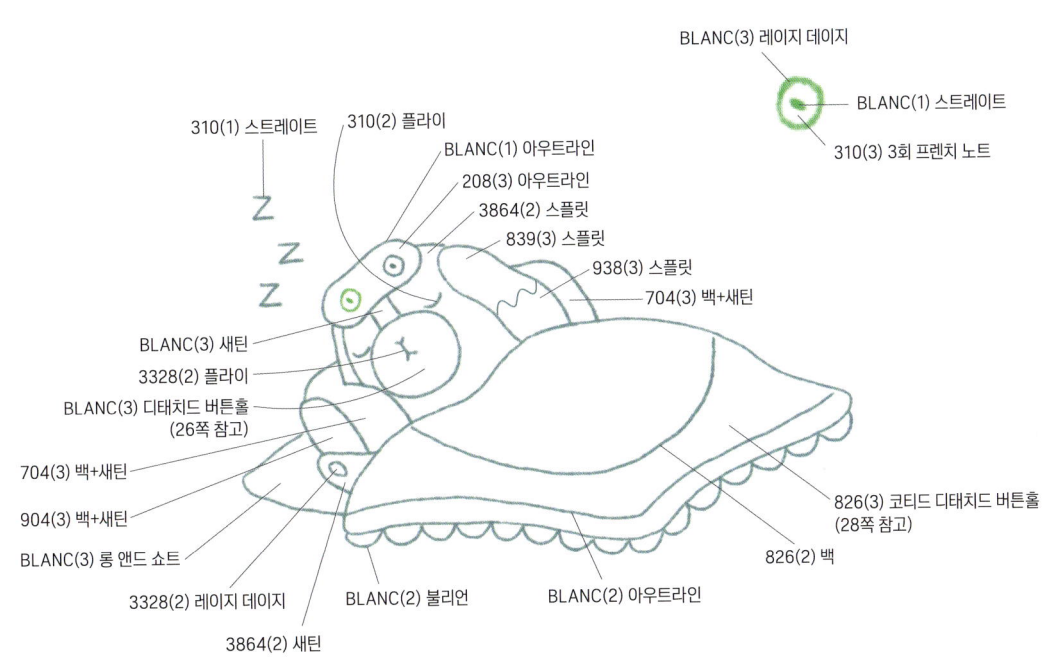

310(1) 스트레이트

310(2) 플라이

BLANC(1) 아웃트라인

208(3) 아웃트라인

3864(2) 스플릿

839(3) 스플릿

938(3) 스플릿

704(3) 백+새틴

BLANC(3) 레이지 데이지

BLANC(1) 스트레이트

310(3) 3회 프렌치 노트

BLANC(3) 새틴

3328(2) 플라이

BLANC(3) 디테치드 버튼홀
(26쪽 참고)

704(3) 백+새틴

904(3) 백+새틴

BLANC(3) 롱 앤드 쇼트

3328(2) 레이지 데이지

3864(2) 새틴

BLANC(2) 불리언

BLANC(2) 아웃트라인

826(3) 코티드 디테치드 버튼홀
(28쪽 참고)

826(2) 백

▶ 뒷장에 **얼굴**, **이불** 상세 설명이 있습니다.

얼굴, 이불

얼굴·

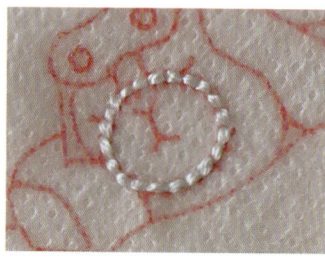

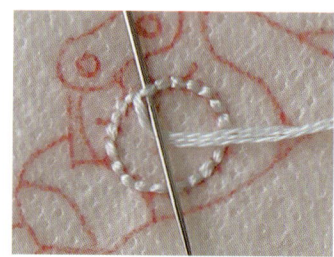

1 사진을 참고해 주둥이 윤곽선에 눈금을 그립니다.

2 눈금을 따라 백 스티치를 수놓습니다.

3 한쪽 끝에서 올라온 뒤 백 스티치 땀 밑으로 바늘을 넣어 실을 걸어줍니다.

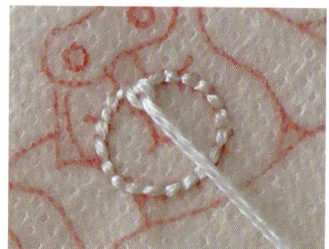

4 고리 하나가 만들어졌습니다.

5 시계 방향으로 반복해 한 바퀴를 두릅니다.

6 같은 방법으로 두번째 줄을 반복해 걸어줍니다.

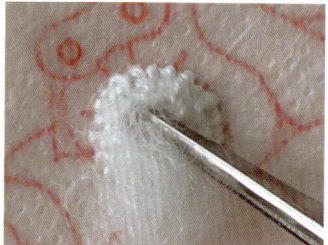

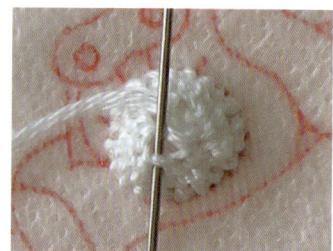

7 세번째 줄도 반복해 걸어줍니다.

8 가위 끝을 사용해 솜을 넣습니다.

9 이어서 버튼홀을 하나씩 건너뛰어가며 입구를 막습니다.

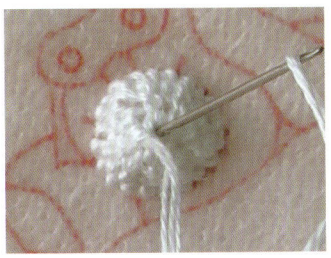

10 중앙으로 바늘을 넣어 마무리합니다.

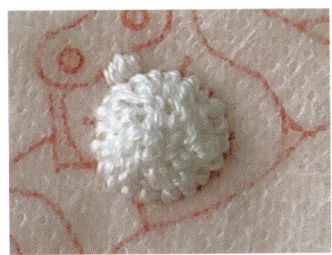

11 위쪽 면적은 새틴 스티치로 채웁니다.

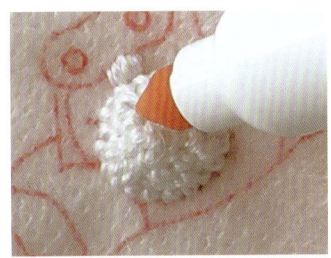

12 패브릭 펜을 이용해 코 주변에 색을 입힙니다. (이 과정은 생략해도 괜찮습니다.)

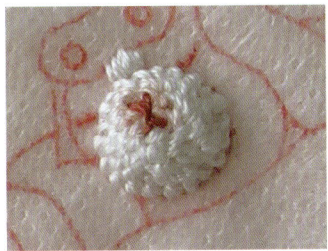

13 플라이 스티치로 코를 새겨주세요.

14 주둥이 주변의 털을 스플릿 스티치로 채우는데, 우선 한 바퀴를 길이에 변화를 주며 수놓습니다.

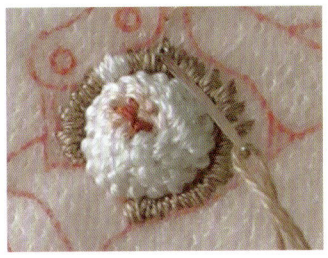

15 나머지 면적은 뒤에서 앞으로 바늘을 꽂아 앞 땀들과 연결시키며 채웁니다.

16 얼굴까지 채운 모습.

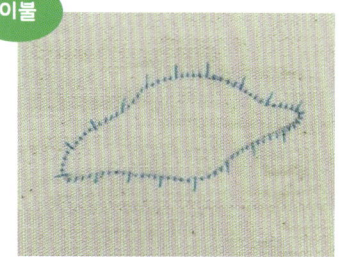

1 사진을 참고해 이불 윤곽선을 크고 작은 눈금으로 나눕니다.

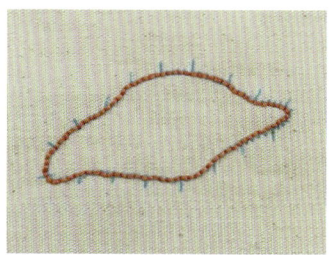

2 나눠진 선을 따라 백 스티치를 수놓습니다.

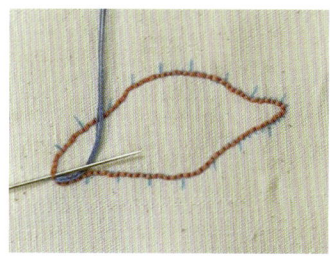

3 시작점으로 올라와 버튼홀 스티치를 걸어줍니다.

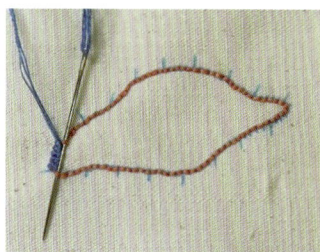

4 큰 눈금으로 한 칸까지 버튼홀 스티치를 걸어준 뒤, 그 옆 위아래 백 스티치 밑을 통과해 기둥을 만듭니다.

5 코티드 디태치드 버튼홀 스티치를 반복해 채웁니다.

6 면적을 모두 채웠다면, 입구를 막기 전 솜을 넣습니다.

7 솜을 다 채운 뒤 입구를 휘감아 막은
모습.

8 입체감을 더할 부분에 백 스티치를
수놓아 경계선을 표현합니다.

9 입체적인 이불 완성!

사용한 실
167, 310, 317, 543, 840, 842, 869,
898, 936, 3012, 3864, 4075, BLANC

사용한 스티치
레이즈드 스템, 롱 앤드 쇼트, 백, 버튼홀, 불리언, 새틴, 스미르나,
스트레이트, 스플릿, 아웃라인, 카우칭, 프렌치 노트, 플라이

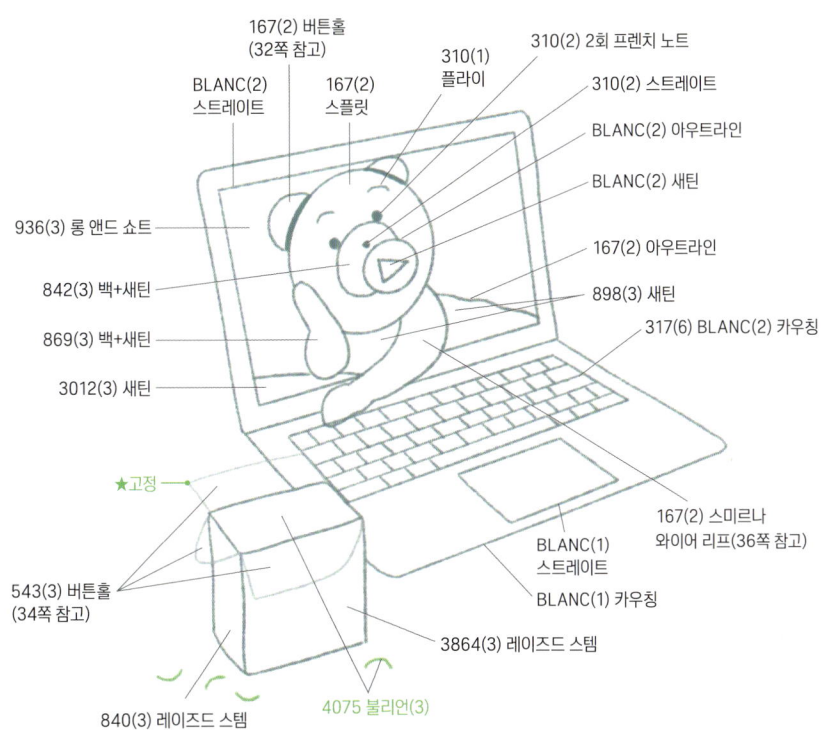

167(2) 버튼홀
(32쪽 참고)

310(2) 2회 프렌치 노트

310(1)
플라이

BLANC(2)
스트레이트

167(2)
스플릿

310(2) 스트레이트

BLANC(2) 아웃라인

BLANC(2) 새틴

936(3) 롱 앤드 쇼트

167(2) 아웃라인

842(3) 백+새틴

898(3) 새틴

869(3) 백+새틴

317(6) BLANC(2) 카우칭

3012(3) 새틴

★고정

167(2) 스미르나
와이어 리프(36쪽 참고)

BLANC(1)
스트레이트

543(3) 버튼홀
(34쪽 참고)

BLANC(1) 카우칭

3864(3) 레이즈드 스템

840(3) 레이즈드 스템

4075 불리언(3)

▶ 뒷장에 **귀**, **과자 봉지**, **팔** 상세 설명이 있습니다.

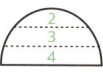

버튼홀
스티치
개수

왼쪽 3단   오른쪽 2단

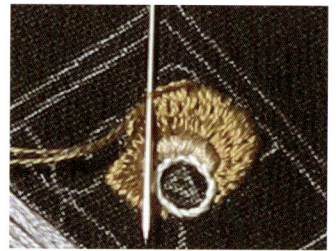

1 곰의 왼쪽 귀 하단에 아우트라인을 한 줄 수놓은 뒤 바늘을 위에서 아래로 통과시킵니다.

2 실을 당겨 만들어진 원 안에 바늘을 통과시킨 뒤,

3 그 상태로 당깁니다.

4 같은 방법으로 한 줄을 채웁니다.

5 왼쪽으로 이동하기 위해 옆 버튼홀 스티치에 바늘을 넣고,

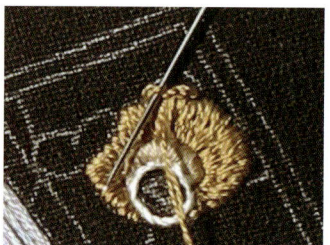

6 휘감으며 왼쪽으로 이동합니다.

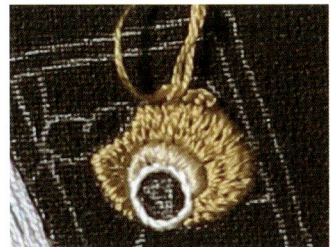

7 첫번째 줄 버튼홀 스티치에 바늘을 걸어줍니다.

8 옆 땀도 이어 반복해 고리를 만들어주세요.

9 두번째 줄이 완성되었습니다.

10 다시 버튼홀 스티치 사이의 틈으로 걸어 왼쪽으로 이동합니다.

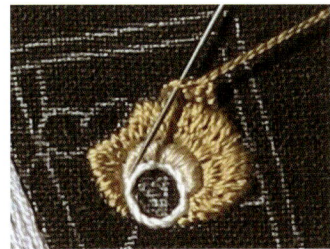

11 세번째 줄 버튼홀 스티치를 시작합니다.

12 다 채운 뒤 맨 끝 버튼홀 스티치 틈으로 바늘을 통과하고,

13 휘감아 아래까지 내려옵니다.

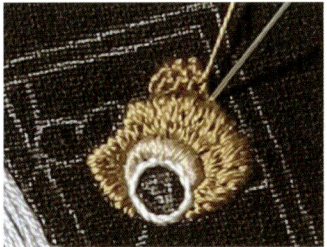

14 끝에 바늘을 넣어 마무리하면 왼쪽 귀가 완성됩니다.

15 같은 방식으로 오른쪽 귀는 버튼홀 스티치를 두 줄 수놓아 완성합니다.

1 수틀을 180° 돌려 시작합니다. 아우트라인 스티치로 한 줄을 수놓습니다.

2 왼쪽으로 올라와 아우트라인 스티치 한 땀에 바늘을 통과시킵니다.

3 실을 당겨 만들어진 원 안에 바늘을 통과시킵니다.

4 옆 땀에도 동일한 방법(버튼홀 스티치)으로 실을 걸어줍니다. 반복하여 버튼홀 스티치를 진행합니다.

5 옆 버튼홀 스티치 사이로 바늘을 통과해 휘감으며 왼쪽으로 이동합니다.

6 첫번째 줄 버튼홀 스티치 땀 사이로 바늘을 통과해 다시 버튼홀 스티치를 걸어줍니다.

7 같은 방법으로 두번째 줄을 만듭니다.

8 과정 5~7을 반복해 두 줄 더 만듭니다.

9 맨 끝 버튼홀 스티치 사이로 바늘을 넣어 통과시키며 아래로 내려옵니다.

10 꼭짓점에 넣어 마무리합니다.

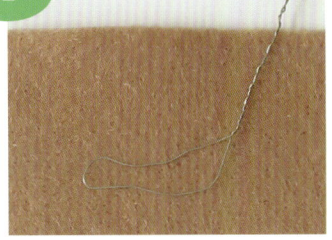

1 와이어를 팔 모양에 맞게 구부려
천 위에 올립니다. 여분의 와이어는
꼬아둡니다.

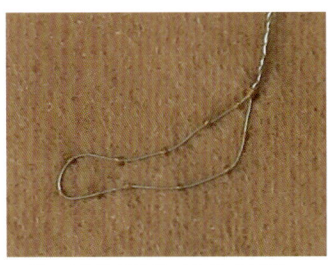

2 실 1가닥을 이용해 카우칭 스티치로
와이어를 고정시킵니다.

3 와이어 테두리를 버튼홀 스티치로
빽빽하게 수놓습니다.

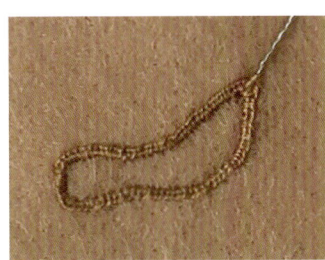

4 버튼홀 스티치를 전부 채운 모습.

5 팔 면적을 스미르나 스티치로 채웁니다.

6 가위로 고리를 자른 뒤 알맞은 길이로
다듬어 털의 질감을 표현합니다.

7 측면에서 봤을 때 2~3mm 정도의
길이가 적당합니다.

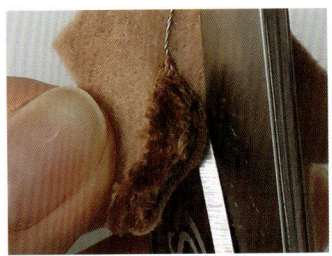

8 테두리를 따라 펠트지를 자릅니다.

9 팔이 완성된 모습.

10 와이어 끝을 고정할 위치에 통과시켜
마무리하면 입체 팔 완성!

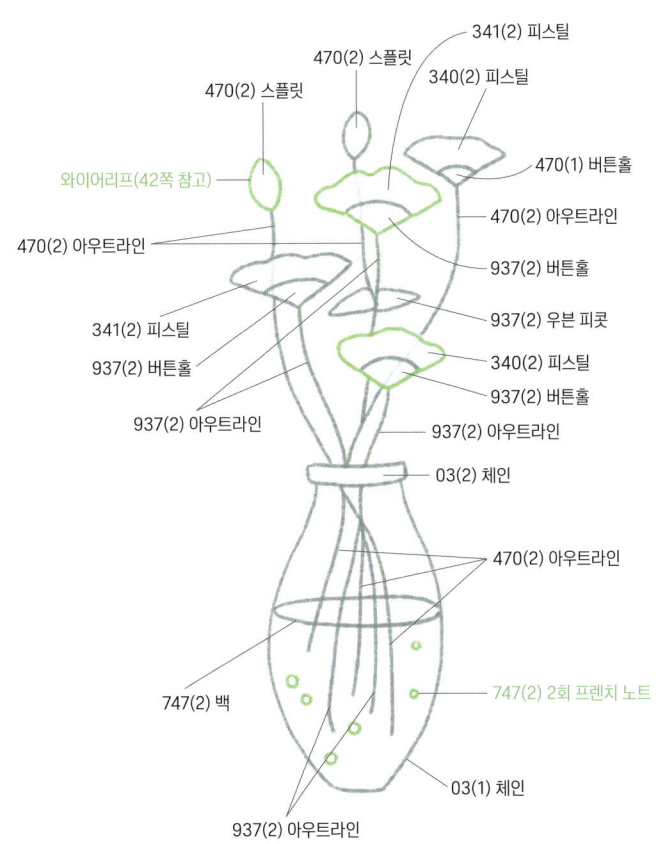

341(2) 피스틸

470(2) 스플릿

340(2) 피스틸

470(2) 스플릿

470(1) 버튼홀

와이어리프(42쪽 참고)

470(2) 아웃라인

470(2) 아웃라인

937(2) 버튼홀

341(2) 피스틸

937(2) 우븐 피콧

937(2) 버튼홀

340(2) 피스틸

937(2) 버튼홀

937(2) 아웃라인

937(2) 아웃라인

03(2) 체인

470(2) 아웃라인

747(2) 백

747(2) 2회 프렌치 노트

937(2) 아웃라인

03(1) 체인

▶ 42쪽에 **꽃잎** 상세 설명이 있습니다.

◆ 춤추는 화분

사용한 실
310, 606, 676, 890, 895, 905,
906, BLANC, A.F.E 916

사용한 스티치
바스켓 필링, 버튼홀, 불리언, 아우트라인,
새틴, 스트레이트, 스플릿, 플라이

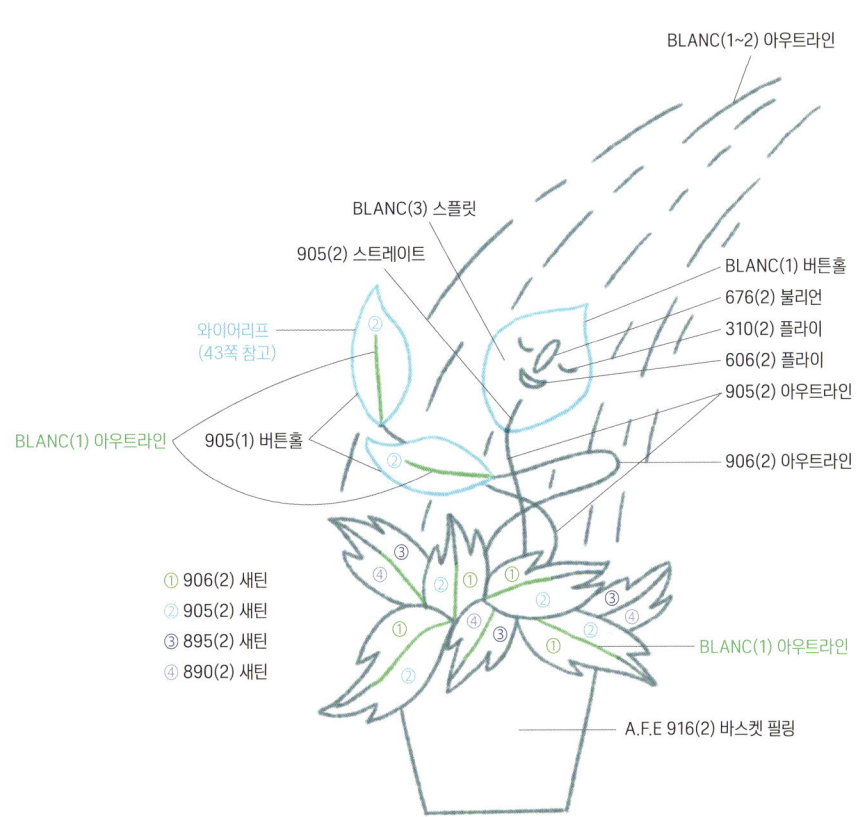

BLANC(1~2) 아우트라인

BLANC(3) 스플릿

905(2) 스트레이트

와이어리프
(43쪽 참고)

BLANC(1) 버튼홀
676(2) 불리언
310(2) 플라이
606(2) 플라이
905(2) 아우트라인

906(2) 아우트라인

BLANC(1) 아우트라인

905(1) 버튼홀

① 906(2) 새틴
② 905(2) 새틴
③ 895(2) 새틴
④ 890(2) 새틴

BLANC(1) 아우트라인

A.F.E 916(2) 바스켓 필링

▶ 43쪽에 **꽃잎** 상세 설명이 있습니다.

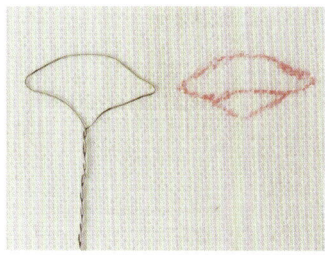

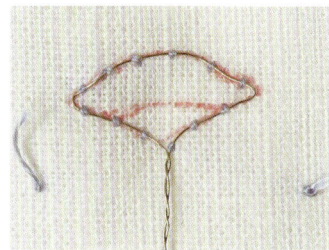

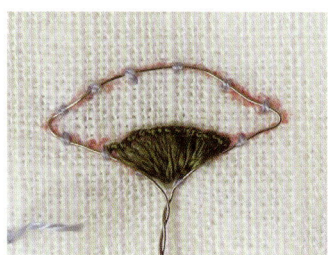

1 천에 꽃잎 선을 그려 준비하고, 모양에 맞게 와이어를 구부립니다. 여분의 와이어는 3cm 정도 길이로 꼬아둡니다.

2 실 1가닥을 이용해 와이어를 고정합니다. 이때 앞면으로 바늘을 넣어 들어가 앞면에서 매듭을 지어 나옵니다.

3 꽃받침 부분은 버튼홀 스티치로 수놓아 채웁니다.

4 꽃잎 부분을 피스틸 스티치로 빽빽하게 수놓아 채웁니다.

5 테두리를 버튼홀 스티치로 수놓아 와이어가 보이지 않게 마감합니다.

6 처음 와이어를 고정하는 데 사용했던 매듭을 잘라 정리합니다.

7 테두리를 따라 천을 자릅니다.

8 완성된 꽃잎은 고정할 위치에 와이어 끝을 통과시킨 뒤 뒷면에서 움직이지 않게 고정해 마무리합니다.

꽃잎 2

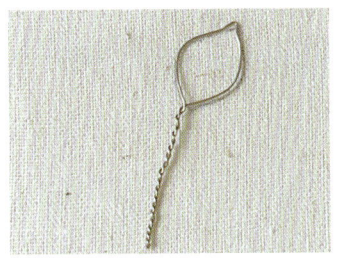

1 와이어를 꽃잎 모양에 맞게 구부려 천 위에 올립니다. 여분의 와이어는 3cm 정도 길이로 꼬아둡니다.

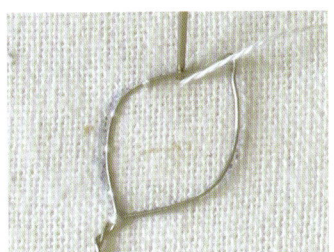

2 실 1가닥을 이용해 꽃잎 부분 와이어만 임시로 고정합니다.

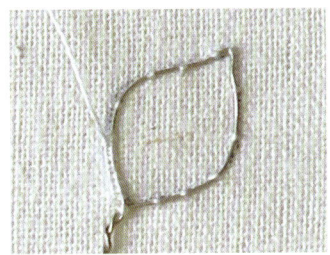

3 임시 고정한 와이어 테두리에 버튼홀 스티치를 수놓습니다.

4 스플릿 스티치로 꽃잎 안쪽을 채웁니다.

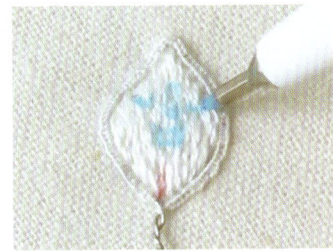

5 면적을 모두 채웠으면 수성펜으로 눈, 코, 입, 꽃대를 그립니다.

6 눈, 코, 입, 꽃대를 수놓아 완성하고,

7 꽃잎 바깥선을 따라 천을 자릅니다.

8 분무기를 사용해 펜 자국을 없애고, 와이어 끝을 고정할 위치에 와이어를 통과시켜 마무리합니다.

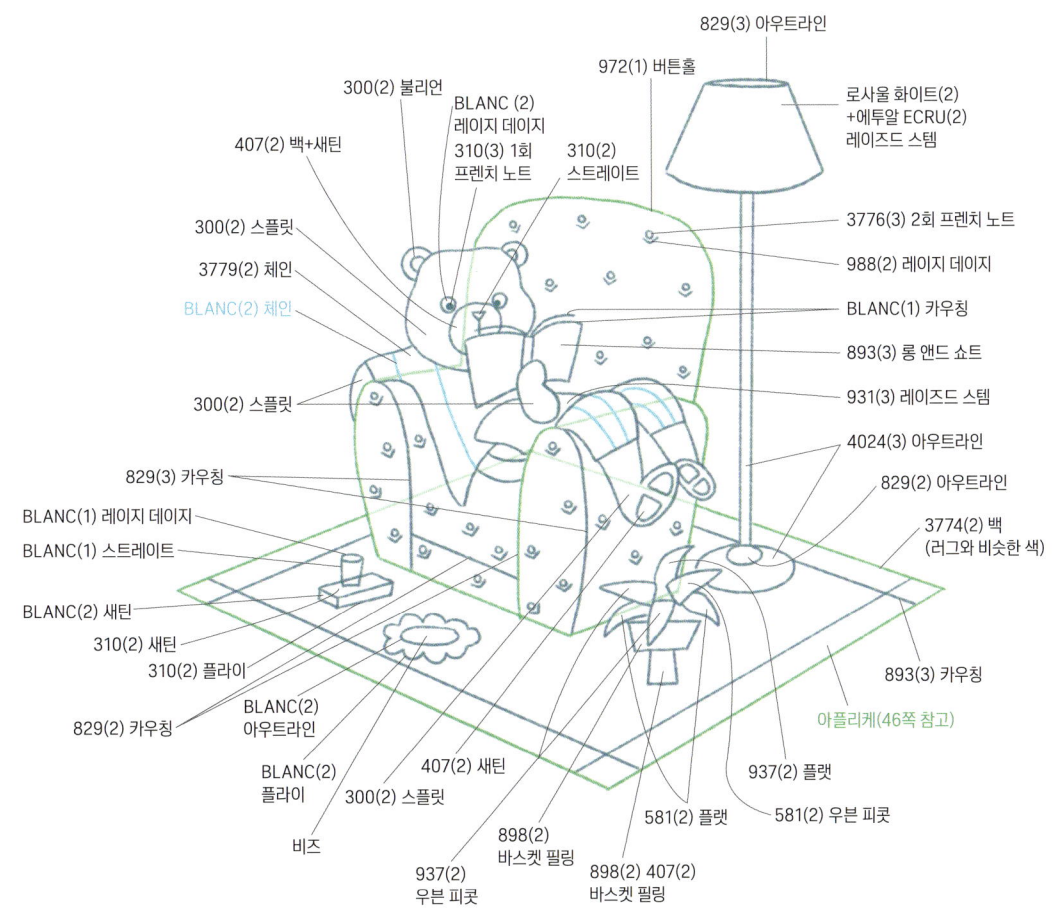

829(3) 아웃라인

972(1) 버튼홀

로사울 화이트(2)
+에투알 ECRU(2)
레이즈드 스템

300(2) 불리언

BLANC (2)
레이지 데이지
310(3) 1회
프렌치 노트

310(2)
스트레이트

407(2) 백+새틴

3776(3) 2회 프렌치 노트

988(2) 레이지 데이지

300(2) 스플릿

3779(2) 체인

BLANC(2) 체인

BLANC(1) 카우칭

893(3) 롱 앤드 쇼트

931(3) 레이즈드 스템

300(2) 스플릿

4024(3) 아웃라인

829(3) 카우칭

829(2) 아웃라인

BLANC(1) 레이지 데이지

3774(2) 백
(러그와 비슷한 색)

BLANC(1) 스트레이트

BLANC(2) 새틴

310(2) 새틴

310(2) 플라이

893(3) 카우칭

829(2) 카우칭

BLANC(2)
아웃라인

아플리케(46쪽 참고)

BLANC(2)
플라이

407(2) 새틴

937(2) 플랫

300(2) 스플릿

581(2) 우븐 피콧

비즈

898(2)
바스켓 필링

581(2) 플랫

937(2)
우븐 피콧

898(2) 407(2)
바스켓 필링

▶ 뒷장에 **러그와 소파** 상세 설명이 있습니다.

러그와 소파

아플리케appliqué
바탕 천 위에 다른 천이나 레이스, 가죽 따위를 여러 가지 모양으로 오려 붙이고 그 둘레를 실로 꿰매는 수예.

준비물
(러그) 조각 천, (소파) 펠트지, 접착 양면 심지

1 수놓을 바탕 천 위에 먹지와 도안선 그림을 순서대로 올린 뒤, 철필이나 볼펜으로 윤곽선을 옮겨 그립니다. 최대한 힘을 빼고 연하게 옮겨 그리세요.

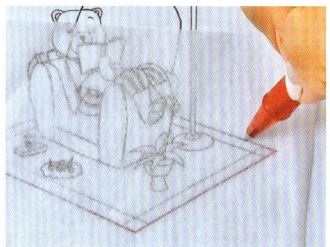

2 도안선 그림 위에 접착 심지를 올려 러그 윤곽선을 옮겨 그립니다.

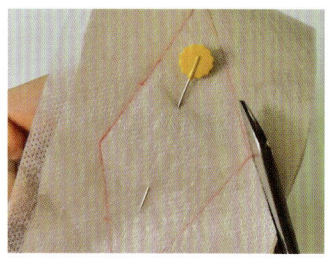

3 러그 윤곽선을 옮긴 접착 심지를 핀으로 조각 천에 고정시키고, 선을 따라 자릅니다.

4 소파와 러그 윤곽선을 그려둔 바탕 천 위 선에 맞춰 접착 심지와 러그 천을 겹쳐 올립니다.

5 다리미를 이용해 열을 가하며 붙입니다.

6 바탕 천에 러그 천을 붙인 모습.

7 러그 테두리에 백 스티치를 수놓습니다.

8 도안선 그림 위에 접착 심지를 올려 소파 윤곽선을 옮겨 그립니다.

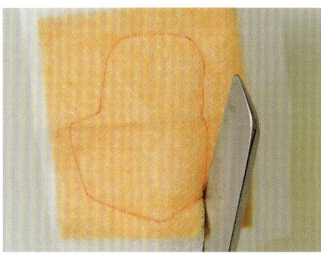

9 소파 윤곽선을 옮긴 접착 심지를 펠트지 위에 올려 선을 따라 자릅니다.

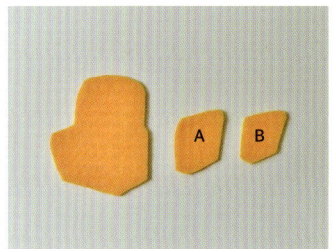

10 같은 방식으로 팔걸이 부분을 옮겨 그린 뒤 자른 펠트지를 2장 준비합니다. 도안선 크기 1장(A), 사방으로 2mm씩 더 작게 자른 1장(B).

11 펠트지를 바탕 천 위 윤곽선에 맞춰 올립니다.

12 테두리를 버튼홀 스티치로 전부 수놓아 고정합니다.

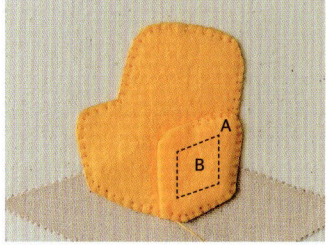

13 팔걸이 부분 펠트지 B와 A를 순서대로 올려 볼륨감을 주고, 버튼홀 스티치로 테두리를 수놓아 고정합니다.

14 접착 심지 위에 나머지 도안선을 옮겨 수놓을 천에 맞춰 올립니다.

15 움직이지 않도록 시침질로 접착 심지를 고정한 뒤 수놓습니다.

◆ 마음이 차분해지는 향초

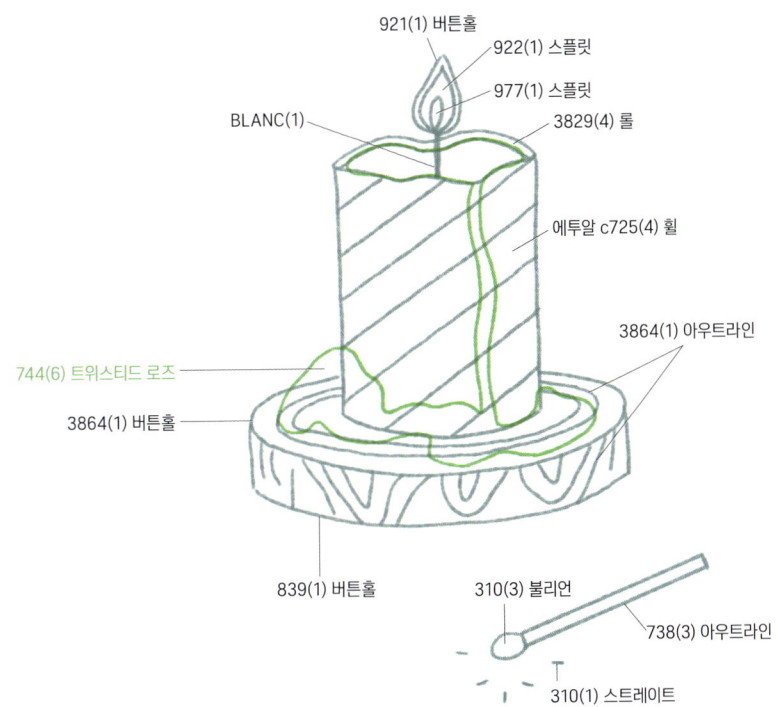

921(1) 버튼홀

922(1) 스플릿

977(1) 스플릿

BLANC(1)

3829(4) 롤

에투알 c725(4) 휠

3864(1) 아우트라인

744(6) 트위스티드 로즈

3864(1) 버튼홀

839(1) 버튼홀

310(3) 불리언

738(3) 아우트라인

310(1) 스트레이트

▶ 뒷장에 **향초 받침대와 촛농**, **촛불** 상세 설명이 있습니다.

향초 받침대와 촛농, 촛불

향초 받침대와 촛농

1 바탕 천에 받침대 윗면 테두리를 일정한 간격의 버튼홀 스티치로 수놓아 고정합니다.

2 아래 면 펠트지도 테두리를 버튼홀 스티치로 수놓아 고정합니다.

3 나무껍질과 나무테를 수놓습니다.

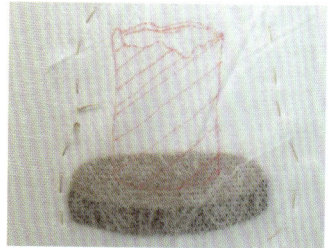

4 향초 도안선을 올려 시침질로 고정합니다.

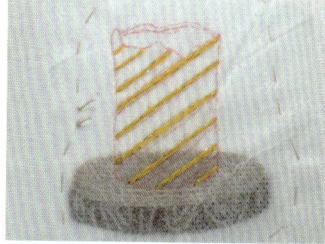

5 초 몸통을 휠 스티치로 수놓습니다.

6 트위스티드 로즈 스티치로 촛농을 표현합니다. 도안선을 참고하되, 원하는 모양으로 자유롭게 고정해보세요.

촛불

1 와이어를 구부려 불꽃 모양을 만듭니다. 이때 초의 심지가 될 부분 약 3~4cm 정도를 꼬아둡니다.

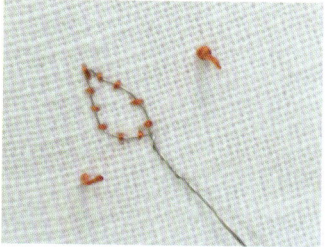

2 실 1가닥을 이용해 자투리 천에 불꽃 모양 와이어를 고정합니다.

3 버튼홀 스티치로 테두리를 빽빽하게 수놓고 촛불 안쪽은 스플릿 스티치로 수놓습니다.

4 와이어를 고정시켰던 매듭은 잘라 정리합니다.

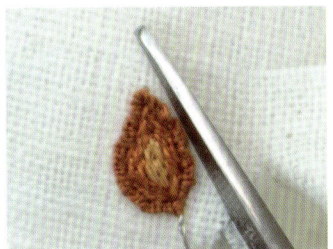

5 바깥 선을 따라 천을 자릅니다.

6 끝 부분에 접착제를 바릅니다.

7 실을 휘감아 초의 심지(약 1cm)를 만듭니다.

8 실을 적당히 휘감은 뒤 접착제를 발라 고정합니다.

9 와이어 끝을 바늘에 통과시킵니다.

10 촛불을 고정할 위치에 바늘을 통과시켜 당긴 뒤 천 뒷면에서 고정해 마무리합니다.

11 입체 촛불 완성된 모습.

◆ 고소한 아이스라테

사용한 스티치
롱 앤드 쇼트, 바스켓 필링, 백, 불리언, 새틴, 스트레이트,
스플릿, 아웃라인, 프렌치 노트, 플라이

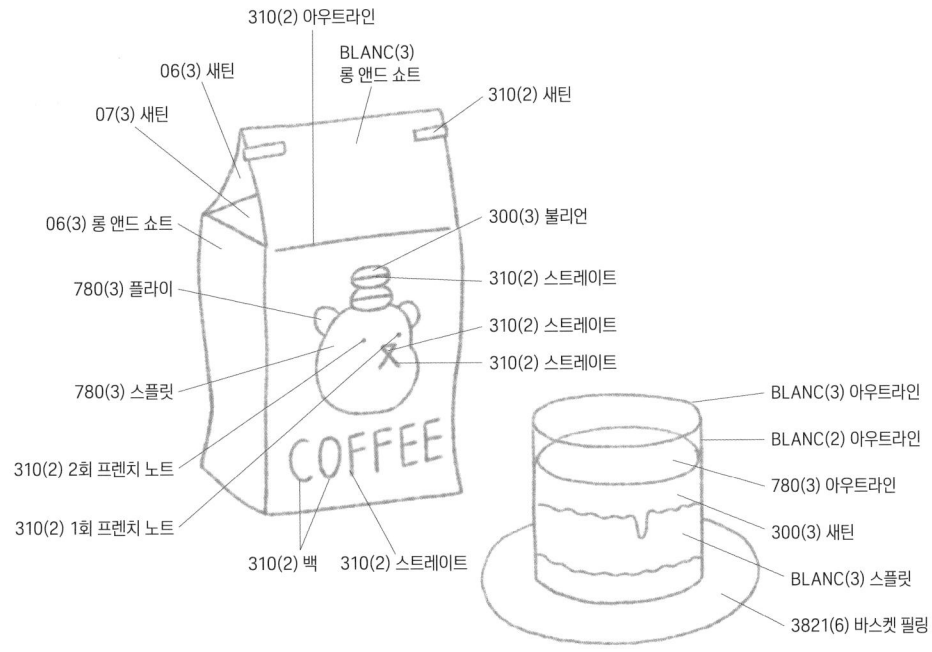

310(2) 아웃라인

BLANC(3)
롱 앤드 쇼트

06(3) 새틴

07(3) 새틴

310(2) 새틴

06(3) 롱 앤드 쇼트

300(3) 불리언

780(3) 플라이

310(2) 스트레이트

310(2) 스트레이트

310(2) 스트레이트

780(3) 스플릿

310(2) 2회 프렌치 노트

310(2) 1회 프렌치 노트

310(2) 백

310(2) 스트레이트

COFFEE

BLANC(3) 아웃라인

BLANC(2) 아웃라인

780(3) 아웃라인

300(3) 새틴

BLANC(3) 스플릿

3821(6) 바스켓 필링

사용한 실

434, 632, 720, 728, 839, 840, 919, 930, 3371, 3856, BLANC

사용한 스티치

디태치드 버튼홀, 레이지 데이지, 롱 앤드 쇼트, 버튼홀, 불리언, 새틴, 스트레이트, 아웃트라인, 체인, 코티드 디태치드 버튼홀, 프렌치 노트, 플라이

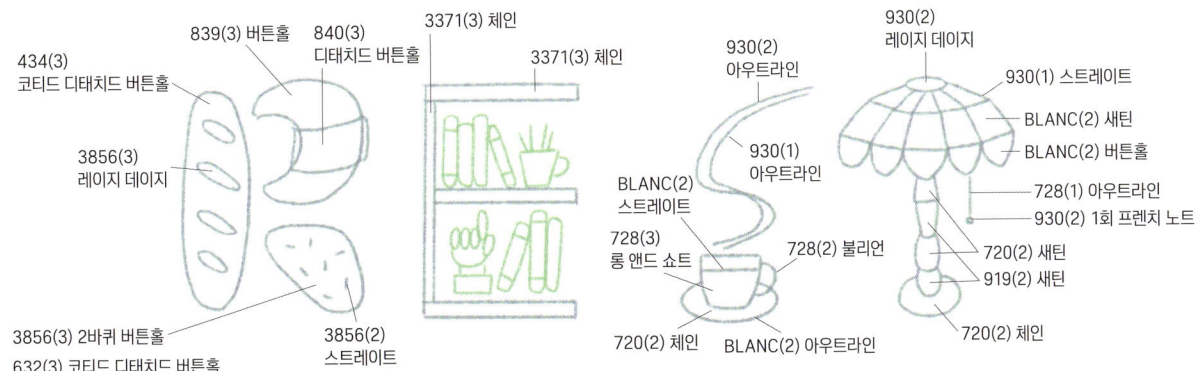

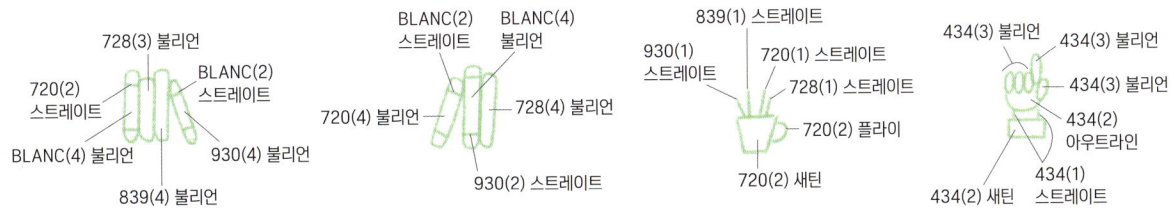

▶ 뒷장에 **R를 구성하는 빵들**의 상세 설명이 있습니다.

바게트, 크루아상, 파이

바게트

1 사진을 참고해 스티치 선을 크고 작은
눈금으로 나눕니다.

2 나눠진 선에 맞춰 백 스티치를
수놓습니다.

3 맨 상단 큰 눈금을 시작으로
올라옵니다.

4 백 스티치 밑으로 바늘을 통과시킨 뒤
버튼홀을 걸어줍니다.

5 첫번째 버튼홀이 완성되었습니다.

6 땀에 바늘을 통과시켜 두번째 버튼홀을
걸어줍니다.

7 오른쪽 큰 눈금까지 버튼홀을 채운
첫번째 줄.

8 마지막 고리의 백스티치 밑으로
바늘을 통과시킵니다.

9 바로 아래 백스티치 땀과 반대쪽
땀으로 바늘을 통과해 반대편으로
이동합니다.

10 첫번째 버튼홀과 함께 걸어 두번째 줄을 시작합니다.

11 빠짐없이 하나씩 걸어줍니다.

12 두번째 줄 버튼홀과 함께 걸어 세번째 줄을 시작합니다. 세번째 줄도 반복해 버튼홀 스티치를 진행합니다.

13 같은 방법으로 마지막 한 줄만 남을 때까지 전부 채웁니다.

14 솜을 넣습니다.

15 바늘을 아래에서 위로 걸어 입구를 막습니다.

16 전부 막아준 뒤 바늘을 넣어 마무리합니다.

17 빵의 칼집 부분을 수성펜으로 그려주세요.

18 레이지 데이지 스티치로 칼집 모양을 수놓습니다.

19 바게트 완성!

크루아상

1 사진을 참고해 스티치 선을 크고 작은 눈금으로 나눕니다.

2 나눠진 선에 맞춰 백 스티치를 수놓습니다.

3 왼쪽 상단 큰 눈금에서부터 올라와 버튼홀 스티치를 한 줄 수놓습니다. (56쪽 바게트 과정 참고)

4 첫번째 줄이 완성되었습니다.

5 바로 아래 백 스티치 땀으로 바늘을 통과해 반대쪽으로 이동합니다. 이어서 같은 방법으로 면적을 채웁니다.

6 마지막 줄을 남기고 솜을 넣습니다.

7 휘감아 입구를 막은 뒤 마무리합니다.

8 진한 색의 실을 준비해 시작점으로 올라옵니다.

9 반대쪽으로 바늘을 넣어 한 땀 크게 잡습니다.

10 다시 왼쪽으로 이동해 올라옵니다.

11 윗줄에 실을 통과해 버튼홀 스티치를 진행합니다.

12 반복해 첫번째 줄을 채웁니다.

13 끝 선에 맞춰 찔러 내립니다.

14 다시 왼쪽으로 이동해 윗줄 버튼홀 스티치에 걸어 두번째 줄을 채웁니다.

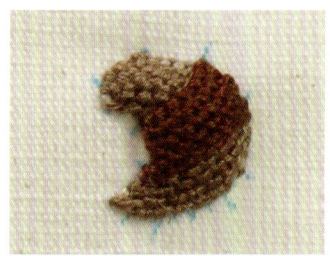

15 네 차례 반복해 마무리하면 크루아상 완성!

1 사진을 참고해 스티치 선을 나눕니다.

2 나눠진 선에 맞춰 백 스티치를 수놓습니다.

3 백 스티치 땀 밑으로 바늘을 걸어 버튼홀 스티치를 수놓습니다.

4 옆 땀에도 같은 방법으로 버튼홀 스티치를 수놓습니다. 반복해 한 바퀴 두릅니다.

5 이어서 한 바퀴 더 두릅니다.

6 맨 처음 나왔던 땀 구멍으로 들어가 마무리합니다.

7 어두운 실로 교체한 뒤 위에서 나갔던 땀 구멍으로 다시 올라옵니다.

8 버튼홀 스티치 땀에 바늘을 통과해 가로 방향 버튼홀 스티치를 수놓습니다.

9 큰 눈금 한 칸 길이까지 버튼홀 스티치를 수놓아주세요.

10 바로 아래 버튼홀 스티치 땀으로 들어가 줄을 바꿔주며 왼쪽으로 이동합니다.

11 첫번째 줄의 고리와 함께 버튼홀 스티치를 수놓아 두번째 줄을 시작합니다.

12 같은 방법으로 반복해 아래까지 면적을 채웁니다.

13 마지막 입구를 막기 전 솜을 넣습니다.

14 아래 버튼홀 스티치 땀을 함께 휘감으며 입구를 막아줍니다.

15 솜을 채워 입구를 막은 모습.

16 스트레이트 스티치로 무늬를 넣어 마무리하면 파이 완성!

사용한 실
21, 22, 164, 433, 436, 754, 817, 842, 904,
939, BLANC, 모쿠바 리본 348(3.5mm)

사용한 스티치
롱 앤드 쇼트, 새틴, 스트레이트,
스플릿, 아우트라인, 체인

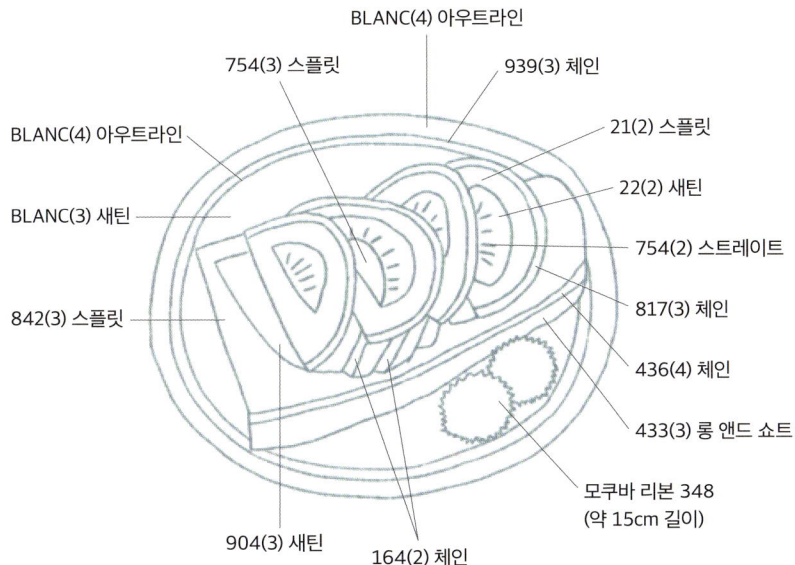

BLANC(4) 아우트라인

754(3) 스플릿

939(3) 체인

BLANC(4) 아우트라인

21(2) 스플릿

BLANC(3) 새틴

22(2) 새틴

754(2) 스트레이트

842(3) 스플릿

817(3) 체인

436(4) 체인

433(3) 롱 앤드 쇼트

모쿠바 리본 348
(약 15cm 길이)

904(3) 새틴

164(2) 체인

▶ 뒷장에 **파슬리** 상세 설명이 있습니다.

파슬리

1 실 1가닥을 이용해 고정하고 싶은
위치로 바늘을 올린 뒤, 끝을 안쪽으로
접은 리본에 통과시킵니다.

2 리본을 홈질합니다.

3 리본의 반대편 끝도 안쪽으로 접어
통과시킵니다.

4 실을 조여 주름을 만듭니다.

5 시작점과 비슷한 위치로 바늘을 찔러
내려가 둥근 형태를 만듭니다.

6 중간 부분으로 올라온 뒤,

7 리본 사이로 통과시켜 형태를 한번 더
고정시킵니다.

8 완성된 파슬리 모습.

스티치

디태치드 버튼홀 스티치

1 먼저 사진처럼 동일한 간격으로 백 스티치(75쪽)를 수놓아주세요.

2 시작점의 땀 구멍으로 실을 끝까지 당겨 올라옵니다.

3 백 스티치 땀 아래 바늘을 통과시켜주세요.

4 실을 바늘 아래에 걸친 뒤 바늘을 당기세요.

5 첫번째 버튼홀 완성!

6 바로 옆 백 스티치 땀 아래 바늘을 통과시킨 뒤 같은 방법으로 바늘을 당기세요.

7 동일한 방법으로 모든 백 스티치에 버튼홀을 걸어주세요.

8 첫번째 줄이 완성된 모습.

9 첫번째 버튼홀과 두번째 버튼홀 중간에 바늘을 걸어 두번째 줄 버튼홀을 시작합니다.

10 동일한 방법으로 버튼홀을 걸어주세요.

11 중간 과정 모습.

12 다음 줄은 과정이 잘 보이도록 실 색을 바꿔봤습니다.

13 두번째 줄 첫번째 버튼홀에 바늘을 걸어 세번째 줄을 시작하세요.

14 세번째 줄이 완성된 모습.

15 바로 옆 버튼홀을 제외하고, 그다음 버튼홀에 바늘을 걸어 네번째 줄을 시작합니다.

16 앞과 동일한 방법으로, 새로운 줄을 시작할 때 버튼홀을 하나씩 건너뛰어 시작하세요.

17 입구가 좁아지면 남아 있는 자투리 실을 준비합니다.

18 바늘귀, 또는 가위 끝을 이용해 입체감이 생길 정도로 솜이나 자투리 실을 넣습니다.

19 이어서 버튼홀을 하나씩 건너뛰어가며 바늘을 걸어서 면적을 채웁니다.

20 입구가 전부 막힌 모습.

21 중앙으로 바늘을 넣어 실을 끝까지 내려주세요.

22 원형의 디태치드 버튼홀 스티치 완성!

23 측면에서 바라본 입체적인 모습.

레이즈드 스템 스티치

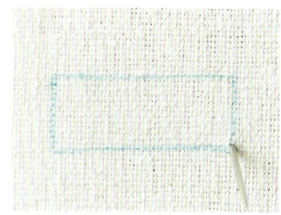

1 도안선 오른쪽 하단 꼭짓점으로 올라오세요.

2 세로로 직선 한 땀을 수놓습니다.

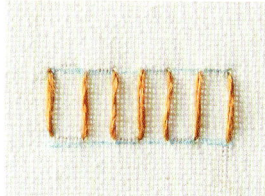

3 3mm 정도 간격을 두고 세로 땀을 수놓습니다.

4 왼쪽 상단으로 올라와 두번째 기둥 밑으로 바늘을 통과시킨 뒤,

5 오른쪽으로 실을 당겨주세요.

6 다음 세번째 기둥 밑으로 바늘을 통과시킵니다.

7 오른쪽으로 실을 당깁니다.

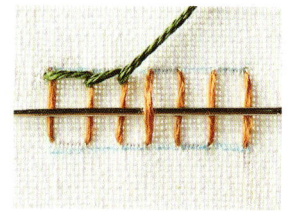

8 같은 방법으로 진행해주세요.

9 마지막 기둥 끝에 바늘을 넣어 끝까지 당깁니다.

10 한 줄이 완성된 모습.

11 수틀을 180° 돌린 뒤 다시 왼쪽부터 시작합니다.

12 두번째 기둥 밑으로 바늘을 통과시킵니다.

13 같은 방법으로 진행합니다.

14 수틀을 계속 상하로 돌려주며 같은 방법으로 면적을 전부 채웁니다.

15 레이즈드 스템 스티치 완성!

레이지 데이지 스티치

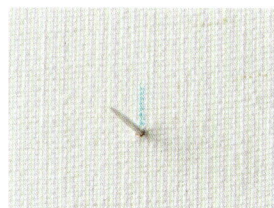

1 시작점에서 바늘을 올려 실을 끝까지 당기세요.

2 실을 위로 향하게 두고 바늘을 다시 시작점으로 넣습니다.

3 실을 당기지 않은 채 바로 이어 위로 올라와 실을 끝까지 당기세요.

4 가까운 바깥 중앙으로 땀을 잡아 고정시킵니다.

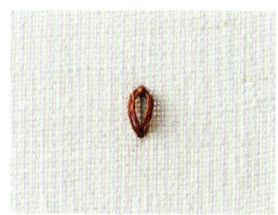

5 레이지 데이지 스티치 완성!

롤 스티치

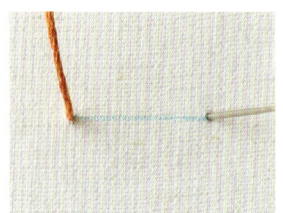

1 도안선 시작점에서 바늘을 끝까지 올린 뒤 도안선 끝나는 부분으로 찔러 내려가 길게 한 땀을 잡습니다.

2 이어서 꼭짓점과 가깝게 위로 올라와 실을 끝까지 당기세요.

3 기둥(맨 처음 길게 잡은 땀) 아래로 바늘을 통과시켜주세요.

4 끝까지 당겨 휘감아주세요.

5 반복해 휘감습니다.

6 기둥을 전부 휘감으면 마무리합니다.

7 롤 스티치 완성!

롱 앤드 쇼트 스티치

1 도안에 맞게 선을 그려주세요.

2 왼쪽 상단을 시작으로 바늘을 올립니다.

3 두 칸(롱) 아래로 바늘을 넣어 끝까지 당기세요.

4 다시 시작점 옆으로 가깝게 올라옵니다.

5 이번엔 한 칸(쇼트) 아래로 바늘을 넣어 끝까지 당기세요.

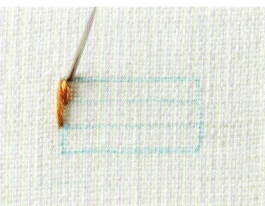

6 다시 옆 땀과 가깝게 올라오세요.

7 두 칸 아래로 바늘을 넣어 당기세요.

8 다시 한 칸 채워주세요.

9 롱과 쇼트를 번갈아 반복해 전부 채웁니다.

10 첫번째 줄 쇼트 아래 땀 구멍에 맞춰 올라오세요.

11 롱이 되도록 두 칸 아래에 내려와 바늘을 넣어주세요.

12 첫번째 줄의 모든 쇼트 땀 구멍에 맞춰 롱으로 채웁니다.

13 두번째 줄까지 완성된 모습.

14 첫번째 줄 롱 아래
땀 구멍에 맞춰 올라와
한 칸을 채워주세요.

15 첫번째 줄 모든 롱 땀 구멍에
맞춰 쇼트로 채웁니다.

16 롱 앤드 쇼트 스티치 완성!

바스켓 필링 스티치

1 도안선 왼쪽 상단 꼭짓점으로 올라와 세로로 한 땀 수놓습니다.

2 3~4mm 간격을 벌려 세로로 한 땀 수놓습니다.

3 같은 간격으로 도안선 끝까지 반복해 세로 땀을 채웁니다.

4 오른쪽 상단 꼭짓점 살짝 아래에서 바늘을 올려 끝까지 당겨주세요.

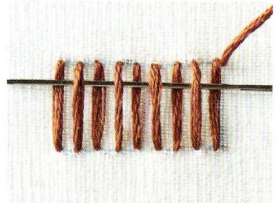

5 세로 땀 하나씩 건너뛰면서 바늘을 왼쪽으로 이동합니다.

6 사진처럼 손끝으로 실이 내려가지 않게 잡아주면 훨씬 수월해요.

7 평행이 되는 위치에 바늘을 넣어 땀을 잡아 실을 끝까지 당깁니다.

8 원하는 간격을 두고 첫번째 줄 아래에서 올라옵니다.

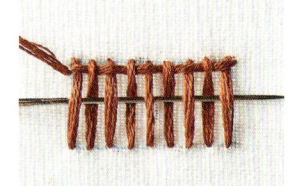

9 반대 방향으로 바늘을 이동하는데, 윗줄과 엇갈리게 엮어 바늘을 이동합니다.

10 평행이 되는 위치에 바늘을 넣어 땀을 잡아 실을 끝까지 당깁니다.

11 동일한 방법으로 반복해 면적을 채웁니다.

12 바스켓 필링 스티치 완성!

백 스티치

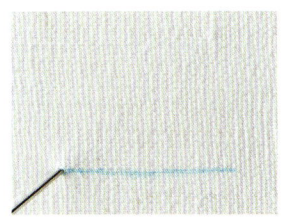

1 시작점에서 실을 끝까지 당겨
올라옵니다.

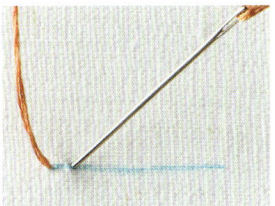

2 한 땀 잡아 내려가고,

3 실을 끝까지 당깁니다.

4 앞에 잡아준 땀과 같은 길이를
두고 바늘을 올립니다.

5 앞 땀의 끝 구멍으로 바늘을
넣어 끝까지 당깁니다.

6 다시 같은 간격으로 올라옵니다.

7 다시 앞 땀의 끝 구멍으로 넣는
과정을 반복해 수놓습니다.

8 백 스티치 완성!

버튼홀 스티치

1 두 줄로 된 도안선을 그립니다.

2 윗줄의 시작점으로 올라온 뒤 아랫줄로 내려가면서 한 땀 수놓습니다.

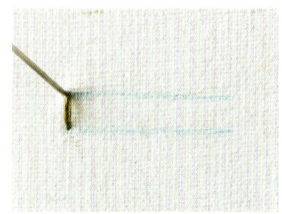

3 시작점 왼쪽으로 가깝게 올라와 실을 끝까지 당깁니다.

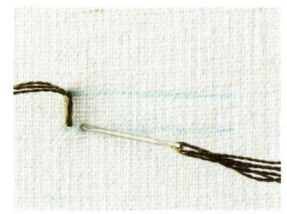

4 아랫줄로 다시 내려가는데, 원하는 간격만큼 이동해 바늘을 반만 넣습니다.

5 바로 이어서 직선이 되는 윗줄에 바늘을 반만 찔러 올라옵니다.

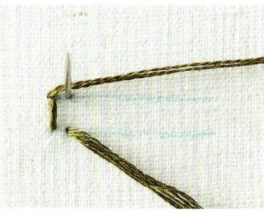

6 실을 오른쪽으로 이동해 바늘에 걸친 다음,

7 바늘을 올려 실을 끝까지 당깁니다.

8 다시 간격을 띈 아랫줄로 바늘을 찔러 넣고,

9 바로 이어 윗줄로 올라옵니다.

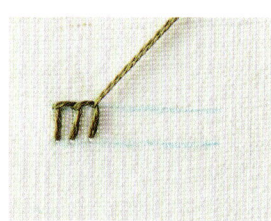

10 이때 실을 끝까지 당깁니다.

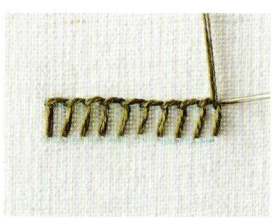

11 동일한 방법으로 도안선 끝까지 채운 뒤, 가까운 바깥쪽으로 바늘을 찔러 내려가 마무리합니다.

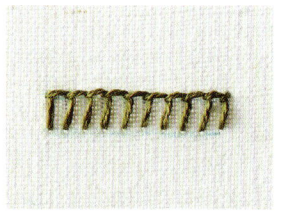

12 버튼홀 스티치 완성!

불리언 스티치

1 도안선 시작점으로 올라와 실을 끝까지 당겨주세요.

2 반대쪽 끝으로 바늘을 찌른 뒤, 시작점과 가까운 쪽으로 올라와 바늘을 밀어줍니다.

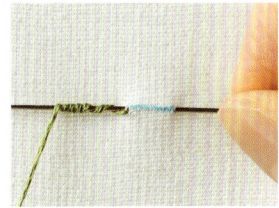

3 바늘에 실을 감아줍니다.

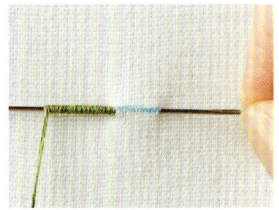

4 바늘로 잡은 땀의 길이보다 조금 더 길게 촘촘히 감아주세요.

5 빠지지 않도록 감아준 부분의 끝을 잡은 뒤,

6 실이 뭉쳐 있는 부분을 잡은 상태에서 바늘만 잡아당깁니다.

7 끝까지 당겨 조입니다.

8 가지런히 실을 정돈해주세요.

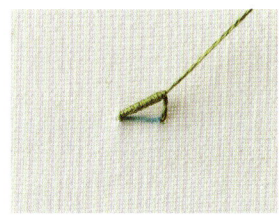

9 아래 실이 안보일 때까지 조입니다.

10 오른쪽 땀에 바늘을 찔러 넣습니다.

11 불리언 스티치 완성!

비즈 달기

1 비즈를 달 위치에서 올라와 실을 끝까지 당겨주세요.

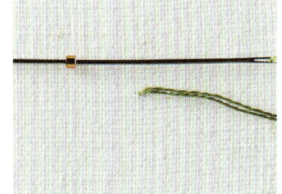

2 비즈를 바늘에 통과시킵니다.

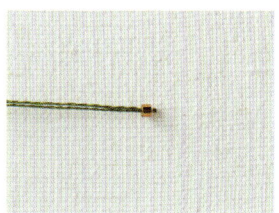

3 실을 끝까지 당겨주세요.

4 실의 가닥을 가르고 올라왔던 시작점 바로 옆으로 내려갑니다.

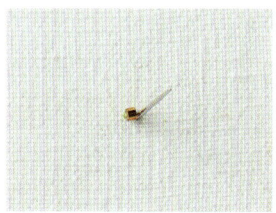

5 다시 시작점으로 올라옵니다.

6 다시 비즈에 바늘을 통과시킵니다.

7 앞에 내려갔던 지점에 다시 바늘을 찔러 내려가 고정시켜줍니다.

8 비즈 달기 완성!

새틴 스티치

1 먼저 도안선을 따라
  백 스티치(75쪽)로 수놓아주세요.

2 백 스티치로 수놓은 부분 바깥쪽
  가운데로 올라와 시작합니다.

3 세로 방향으로 직선 한 땀을
  수놓습니다. 이때 백 스티치
  바깥으로 땀을 잡아 백 스티치를
  덮어 수놓습니다.

4 다시 시작점과 가깝게 붙여
  올라옵니다.

5 다시 세로 방향으로 직선의 한
  땀을 수놓으세요.

6 반복해 채웁니다.

7 반이 채워진 모습.

뒷면

8 반대편을 채울 때는 뒷면에서
  실 밑으로 바늘을 통과시켜
  이동하면 깔끔해요!

9 다시 앞면의 중앙으로 올라온
  다음,

10 반대편도 동일한 방법으로
   채워줍니다.

11 새틴 스티치 완성!

◆ 예시에서는 백 스티치를 수놓은 후
  새틴 스티치를 진행했지만,
  백 스티치는 생략 가능합니다.
  단, 백 스티치 위에 새틴 스티치를
  수놓으면 형태를 더 정확하게
  채울 수 있고, 볼륨감도 생기므로
  때에 따라 추천합니다.

스미르나 스티치

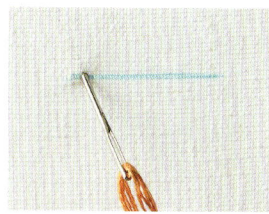

1 실을 바늘에 끼운 뒤 매듭을 짓지 않은 채 도안선 시작점보다 한 땀 뒤로 바늘을 넣어주세요.

2 실을 천천히 당겨 적당한 길이만큼 남깁니다.

3 도안선 시작점으로 올라와 실을 끝까지 당겨주세요.

4 남겨둔 실을 기준으로 반대쪽에 바늘을 넣어 한 땀 잡아주세요.

5 바로 이어서 맨 처음 바늘을 넣었던 구멍으로 올라온 뒤 실을 끝까지 당깁니다.

6 실을 다시 아래로 내려서 사진과 같이 간격을 맞춰 한 땀 잡습니다.

7 실을 천천히 당겨 적당한 크기의 고리를 남긴 뒤 사진과 같이 바늘을 올려주세요.

8 실을 끝까지 당긴 뒤 사진과 같이 다시 바늘을 넣어 한 땀 잡습니다.

9 이어서 왼쪽 땀 구멍으로 올라온 뒤,

10 실을 당겨줍니다. 도안선 끝까지 과정을 반복합니다.

11 끝 실을 잘라줍니다.

12 남은 고리들도 전부 자릅니다.

13 원하는 길이만큼 실을 잘라
정돈합니다.

14 스미르나 스티치 완성!

스트레이트 스티치

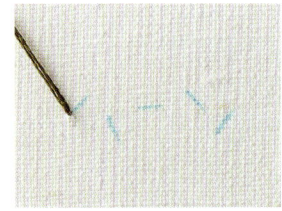

1 도안선 시작점으로 바늘을 올려
실을 끝까지 당깁니다.

2 도안선 끝으로 바늘을 넣어 한
땀 수놓아주세요.

3 스트레이트 스티치 완성!

4 사진과 같이 다양한 각도로
수놓을 수 있습니다.

스플릿 스티치

1 도안선 시작점으로 바늘을 올려
실을 끝까지 당겨줍니다.

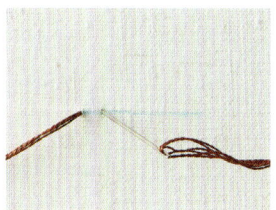

2 옆으로 한 땀 수놓은 뒤,

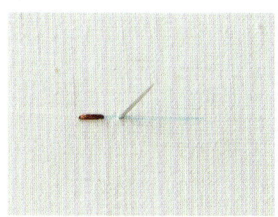

3 한 땀 뒤에서 올라옵니다.

4 앞에 수놓은 땀 위에 바늘을
넣어 통과시킵니다.

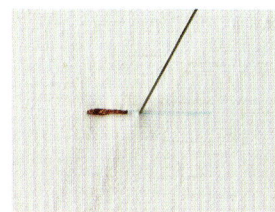

5 다시 한 땀 뒤에서 올라옵니다.

6 다시 앞의 땀 중간으로 바늘을
넣어 통과시킵니다.

7 반복해 수놓습니다.

8 스플릿 스티치 완성!

아우트라인 스티치

1 도안선 시작점으로 바늘을 올려 실을 끝까지 당깁니다.

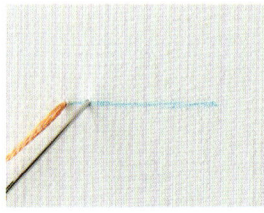

2 옆으로 바늘을 찔러 내려간 뒤, 실을 끝까지 당기세요.

3 이어서 중앙으로 올라와 실을 끝까지 당기세요.

4 실을 아래로 내린 뒤 다시 같은 간격으로 한 땀 찔러 내려갑니다.

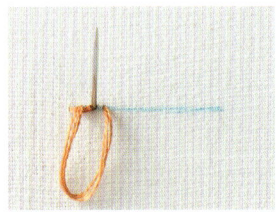

5 왼쪽 땀 구멍으로 올라와 당겨주세요.

6 실을 아래로 내린 뒤 앞의 과정을 반복해 수놓습니다.

7 도안선 끝까지 채우면, 끝 선에 맞춰 내려가 마무리합니다.

8 아우트라인 스티치 완성!

우븐 피콧 스티치

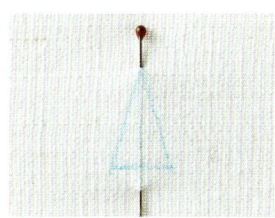

1 사진과 같이 도안선을 그린 뒤 시침핀을 꽂습니다.

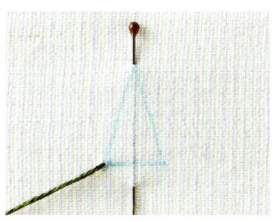

2 왼쪽 아래 꼭짓점에서 올라옵니다.

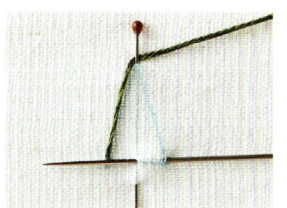

3 시침핀에 실을 걸고 반대편 꼭짓점에 찌른 뒤 이어서 중앙으로 올라옵니다.

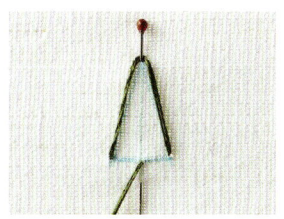

4 실을 끝까지 당기세요.

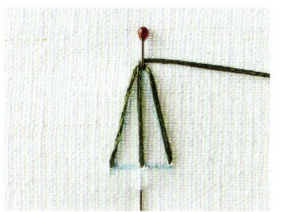

5 시침핀에 실을 걸어 총 세 개의 기둥을 만듭니다.

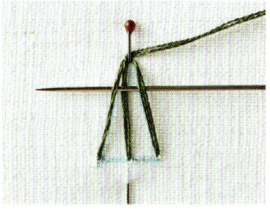

6 첫번째와 세번째 기둥 밑으로 바늘을 통과시킵니다.

7 실을 끝까지 당긴 뒤 두번째 기둥 밑으로 통과시켜 당깁니다.

8 사진처럼 손끝으로 실이 내려가지 않게 잡아주면 훨씬 수월해요.

9 다시 첫번째, 세번째 기둥 밑으로 통과시킵니다.

10 다시 두번째 기둥 밑으로 통과시켜 당깁니다.

11 반복해 진행합니다.

12 면적을 전부 채우면 첫번째 기둥의 안쪽으로 바늘을 찔러넣어 마무리합니다.

13 시침핀을 제거합니다.

14 우븐 피콧 스티치 완성!

15 우븐 피콧 스티치는 사진과
같이 입체적으로 표현됩니다.

체인 스티치

1 도안선 시작점으로 올라와 실을 끝까지 당기세요.

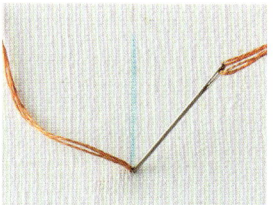

2 같은 땀구멍으로 바늘을 찔러 내려간 뒤,

3 바로 이어서 한 땀 잡아 올라옵니다.

4 실을 위로 당기세요.

5 끝까지 당기면 원이 만들어집니다.

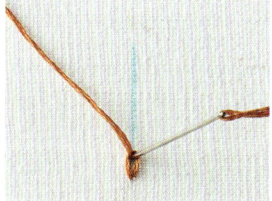

6 방금 나왔던 원 안쪽 땀 구멍으로 바늘을 찔러 내려간 뒤,

7 이어서 한 땀 위로 올라와 찔러주세요.

8 실을 끝까지 당기세요.

9 앞의 과정을 반복합니다.

10 선을 모두 채웠다면, 가까운 바깥쪽 정중앙을 찔러 내려가 마무리해주세요.

11 체인 스티치 완성!

체인 휘프트 백

1 체인 스티치를 한 줄
  수놓습니다.

2 사진처럼 시작 땀 왼쪽으로
  가깝게 올라옵니다.

3 바로 위 체인 스티치 땀 밑으로
  바늘을 통과시킵니다.

4 실을 끝까지 당겨 휘감습니다.

5 같은 방법으로 반복해
  진행합니다.

6 마지막 체인 스티치 땀 오른쪽에
  가깝게 바늘을 찔러 내려가
  마무리합니다.

7 체인 휘프트 백 스티치 완성!

카우칭 스티치

1 도안선 시작점으로 올라와 실을 끝까지 당기세요.

2 두번째 실을 준비해 시작점으로부터 원하는 간격으로 땀 위치를 잡아 올라옵니다.

3 첫번째 실을 감싸며 올라왔던 땀 구멍으로 찔러 내려갑니다.

4 실을 끝까지 당겨 고정시켜주세요.

5 도안선을 따라 동일한 간격으로 올라온 뒤,

6 같은 방법으로 고정시킵니다.

7 도안선을 따라가며 반복합니다.

8 도안선 끝까지 다다르면 첫번째 실을 끝 선에 맞춰 찔러 내려가 마무리합니다.

9 카우칭 스티치 완성!

코디드 디태치드 버튼홀 스티치

1 먼저 도안선을 백 스티치(75쪽)로
수놓습니다.

2 왼쪽 상단으로 올라옵니다.

3 바늘을 상단의 첫번째
백 스티치 땀 아래로 통과해
사진처럼 걸어주세요.

4 실을 당겨 버튼홀을 걸어줍니다.

5 다시 두번째 백 스티치 실
아래로 바늘을 통과해 두번째
버튼홀을 걸어줍니다.

6 두 개의 버튼홀이 만들어진
모습.

7 앞의 과정을 반복해 첫 줄을
완성합니다.

8 상단의 마지막 백 스티치 땀
밑으로 바늘을 통과시킵니다.

9 양옆의 세로변 각 첫번째
백 스티치 땀 아래로 바늘을
통과시키세요.

10 사진과 같이 윗줄의 첫번째
버튼홀 스티치 앞에 바늘을
걸어 당깁니다.

11 다시 바로 옆 첫번째와 두번째
버튼홀 중간에 바늘을 걸어
당깁니다.

12 앞의 과정을 반복해 두번째
줄을 채워주세요.

13 오른쪽 세로변의 통과했던 백 스티치 땀 아래로 바늘을 통과시켜 다시 나갑니다.

14 다시 양옆 세로변의 각 두번째 백 스티치 땀 아래로 바늘을 통과시킵니다.

15 바로 윗줄 첫번째와 두번째 버튼홀 중간에 바늘을 걸어 시작합니다.

16 과정을 반복해 세번째 줄을 채워주세요.

17 앞에서 통과했던 오른쪽 세로변 두번째 백 스티치 땀 아래로 다시 나갑니다.

18 다시 양옆 세로변의 각 세번째 백 스티치 땀 아래 바늘을 통과시킵니다.

19 윗줄의 첫번째 버튼홀 앞부터 바늘을 걸어 당깁니다. 같은 과정을 반복해 네번째 줄을 채워주세요.

20 마찬가지로 오른쪽 세로변의 백 스티치 땀 아래로 바늘을 통과시켜 나갑니다.

21 다시 사진처럼 줄을 바꿔 첫번째와 두번째 버튼홀 중간부터 바늘을 걸어 시작하세요.

22 들어왔던 백 스티치 땀 밑으로 바늘을 통과해 나갑니다.

23 면적을 다 채웠다면, 바늘귀 또는 가위 끝을 이용해 스티치 아래로 자투리 실, 또는 솜을 넣어 입체감을 만듭니다.

24 바늘을 아래쪽 백 스티치와 그 위 마지막 두 개의 버튼홀 중간 부분을 함께 걸어 통과시켜 당깁니다.

25 실을 내려 입구를 막아줍니다.

26 같은 방법을 반복해 입구를 막아주세요.

27 끝 모서리에 바늘을 찔러 내려가 마무리합니다.

28 코디드 디태치드 버튼홀 스티치 완성!

29 측면에서 바라본 입체적인 모습.

트위스티드 로즈 스티치

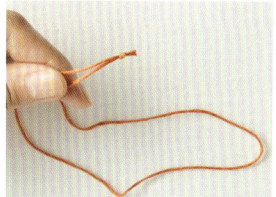

1 실의 양끝을 묶습니다.

2 사진과 같이 실을 잡는데, 한쪽은 매듭을 잡고 한쪽은 손가락을 걸어줍니다.

3 실을 손가락에 건 채 한 방향으로 돌립니다.

4 반복해 실을 꼬아줍니다.

5 더 이상 꼬아지지 않으면 손가락을 빼서 남은 부분까지 꼬아줍니다.

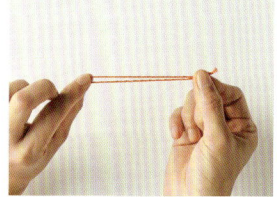

6 반을 접은 뒤 매듭 지어 굵게 꼬인 한 가닥을 만듭니다.

7 매듭 끝은 잘라 정돈합니다.

8 트위스티드 로즈 스티치를 수놓을 천 위에 꼬아둔 실의 매듭 쪽을 올립니다.

9 고정할 실을 따로 준비해 꼬아둔 실의 매듭 안쪽 위치에서 올라와 한 땀 잡아줍니다.

10 매듭 바깥쪽도 동일하게 한 땀 잡아 꼬아둔 실을 천 위에 고정시킵니다.

11 이어서 사진과 같이 꼬아둔 실을 고정하고 싶은 위치로 올라옵니다.

12 꼬아둔 실의 반을 갈라 바늘을 찔러 내려갑니다.

13 매듭 주변을 휘감으며 앞과
같은 방법으로 고정시킵니다.

14 원하는 형태를 잡아가며
고정시킵니다.

15 끝 부분까지 고정시켜
마무리합니다.

16 트위스티드 로즈 스티치 완성!

17 측면에서 바라본 입체적인
모습.

프렌치 노트 스티치

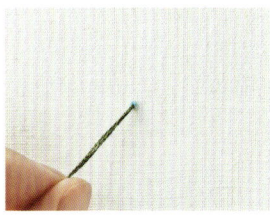

1 수놓고 싶은 위치로 올라와 사진처럼 실을 잡습니다.

2 잡은 실 위로 바늘을 올려주세요.

3 실을 한 바퀴 감습니다.

4 총 2회 감은 모습(도안에 따라 감는 횟수를 조절합니다).

5 바늘을 위로 세워주세요.

6 같은 땀 구멍으로 바늘을 찔러줍니다.

7 바늘을 세운 뒤 실을 당겨 조입니다.

8 뒷면에 있는 바늘을 힘있게 잡아 천천히 빼주세요.

9 프렌치 노트 스티치 완성!

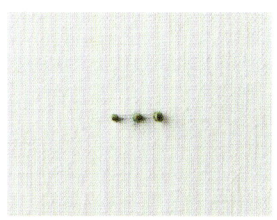

10 감는 횟수에 따라 크기가 달라집니다. (사진은 왼쪽에서부터 1회, 2회, 3회)

플라이 스티치

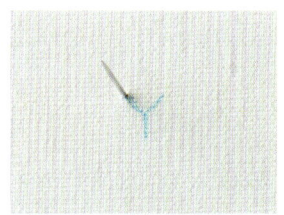

1 왼쪽 꼭짓점으로 올라옵니다.

2 실을 아래로 내리고 반대쪽 꼭짓점을 찔러 내려간 뒤,

3 이어서 중앙 꼭짓점으로 올라옵니다.

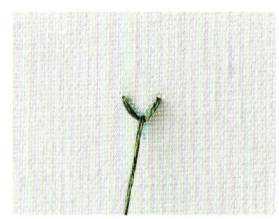

4 실을 끝까지 당겨 모양을 만들어주세요.

5 아래 꼭짓점을 찔러 내려가 끝까지 당깁니다.

6 플라이 스티치 완성!

플랫 스티치

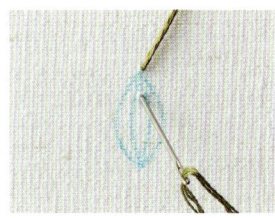

1 도안선 맨 위 꼭짓점에서 올라와 아래쪽으로 한 땀 수놓습니다.

2 왼쪽 상단 바깥선에 찔러 올라오세요.

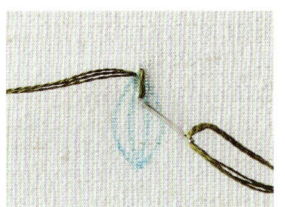

3 사선 방향의 안쪽 선에 찔러 내려갑니다.

4 오른쪽 상단 바깥선에 찔러 올라오세요.

5 조금 더 아래 사선 방향 안쪽 선으로 찔러 내려가세요.

6 다시 왼쪽 상단 바깥선에 찔러 올라옵니다.

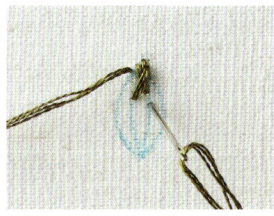

7 조금 더 아래 사선 방향 안쪽 선에 찔러 내려갑니다.

8 다시 오른쪽 상단 바깥선에 찔러 올라오세요.

9 다시 조금 더 아래 사선 방향 안쪽 선에 찔러 내려갑니다.

10 면적을 다 채울 때까지 앞의 과정을 반복해 수놓습니다.

11 아래 꼭짓점에 찔러 마무리합니다.

12 플랫 스티치 완성!

피스틸 스티치

1 도안선 아래 꼭짓점으로 올라와
실을 끝까지 당깁니다.

2 사진처럼 실 위에 바늘을
올립니다.

3 한 바퀴 감아줍니다.

4 이어서 위 꼭짓점에 바늘을 반만
찔러줍니다.

5 실을 잡은 상태에서 아래로
끝까지 당깁니다.

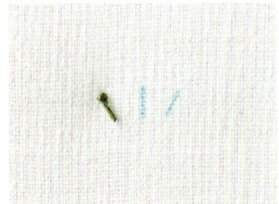

6 피스틸 스티치 완성!

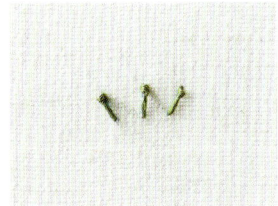

7 연속으로 수놓은 모습.

휠 스티치

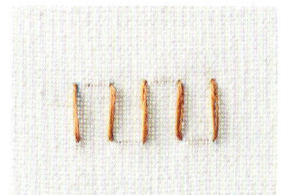

1 같은 간격으로 세로 땀을 수놓습니다.

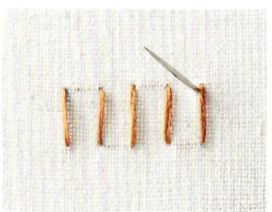

2 선 안쪽에서 올라와 실을 끝까지 당깁니다.

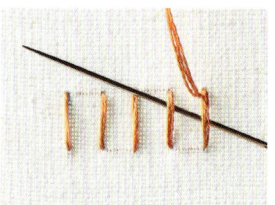

3 오른쪽 첫번째, 두번째 땀 밑으로 바늘을 넣습니다.

4 실을 당기며 첫번째 땀에 휘감습니다.

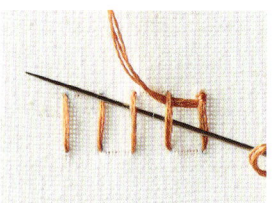

5 두번째, 세번째 땀 밑으로 바늘을 넣어 실을 끝까지 당깁니다.

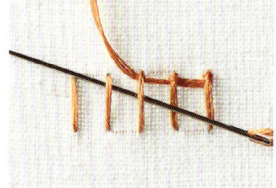

6 같은 방법을 반복해 왼쪽으로 이동합니다.

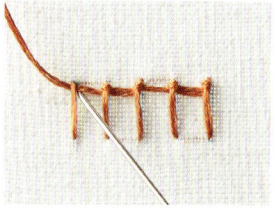

7 마지막 땀 안쪽으로 바늘을 찔러 내려갑니다.

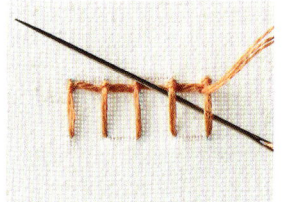

8 다시 오른쪽으로 올라와 같은 방법으로 면적을 채웁니다.

9 휠 스티치 완성!

실제 크기 도안

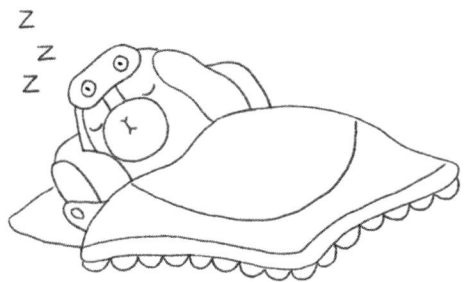

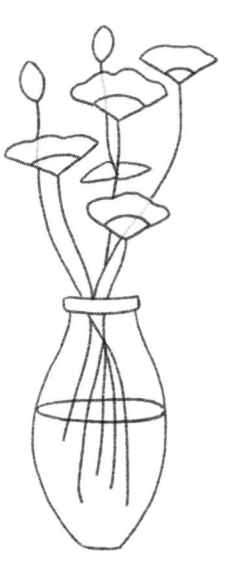

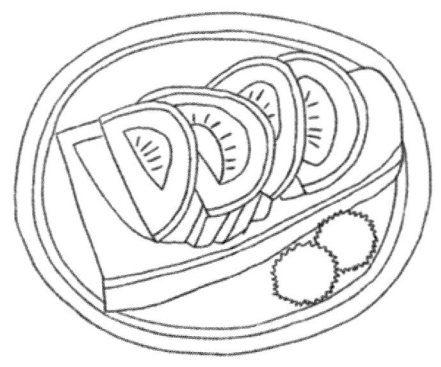

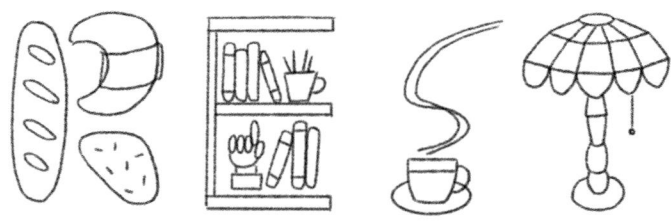

준비

재단 가위

펠트지

천

수용성 심지

실

쪽가위

와이어

시드 비즈

수성펜

시침핀

바늘

수틀

열펜

No.1540-3.5mm

쪽가위 실 재단 전용 가위. 실을 자를 때 혹은 마무리 매듭을 자를 때 사용합니다.

재단 가위 천 재단 전용 가위. 천이나 펠트지를 자를 때 사용합니다.

펠트지 소프트한 질감의 무수지 펠트지. 주로 넓은 면적을 채우는 아플리케 기법에서 사용합니다.

천 다양한 종류의 천을 사용하지만, 리넨이나 광목 소재가 수를 놓기 가장 적합합니다.

수용성 심지 물에 녹는 헝겊. 도안 위에 올린 뒤 열펜을 사용해 옮겨 그립니다. 물에 닿지 않게 주의합니다.

수성펜 물에 녹는 수용성 펜으로, 도안을 옮겨 그릴 때 사용합니다.

열펜 기화성 펜. 원단에 직접 또는 심지에 도안을 옮겨 그린 뒤 다리미나 드라이기의 열로 지워줍니다.

수틀 천을 잡아주는 고정 틀. 나사를 조여 천을 팽팽하게 고정시켜주며 손목을 보호해주는 역할을 합니다.

시침핀 바느질할 때 또는 심지를 고정할 때 사용합니다.

바늘 자수할 때 쓰는 바늘은 일반 바늘에 비해 바늘귀가 큽니다. 다양한 호수를 사용합니다.

와이어 입체 자수용 와이어. 책에서는 0.4mm 굵기의 와이어를 사용했습니다.

시드 비즈 작지만 입체감이 있어 작품의 포인트를 주는 데 쓰입니다.

실 작품을 수놓을 때 사용하는 실. 책에서는 다양한 질감과 굵기의 실을 사용했습니다.

자수실의 종류

번호	실 이름	설명
1	DMC 메탈릭사	1가닥 꼬임으로, 얇고 은은한 펄감이 있습니다.
2	DMC 라이트 이펙트사	폴리 100%의 6가닥 꼬임으로, 펄감이 있습니다.
3	A.F.E사	손염색사의 리넨사로, 뻣뻣한 질감이 있습니다.
4	발다니사	손염색사의 펄코튼사로, 프랑스 자수 및 퀼팅 등 다양한 용도로 사용됩니다.
5	애플톤사	울 100%로 2가닥이 꼬여 있습니다. 수를 놓으면 볼륨감 있게 표현됩니다.
6	DMC 그라데이션사	6가닥이 꼬여 있으며, 4~5가지의 색이 섞여 있습니다.
7	DMC 에투알사	면과 금속 폴리 재질로 만들어져 부피감이 있고 반짝임이 표현됩니다.
8	DMC 25번사	보편적으로 가장 많이 사용하는 실입니다. 면 100%로 6가닥이 꼬여 있으며, 다양한 색이 있습니다.
9	로사울사	5가닥이 꼬여 있으며 보슬보슬하고 부피감이 있는 것이 특징입니다.
10	모쿠바 리본 자수사	리본 자수에서 가장 많이 쓰이는 실입니다. 아크릴 100%로 만들어져 쉽게 주름지지 않습니다.

실 준비하기

1 실과 보빈을 준비합니다.

2 실 번호가 적힌 라벨 아래에
나와 있는 실 끝을 잡습니다.

3 실 끝을 보빈 하단의 구멍으로
통과시켜 반만 걸칩니다.

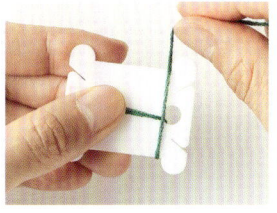

4 실 끝을 엄지손가락으로 눌러
고정한 채 실을 감습니다.

5 한쪽에만 뭉치지 않도록
균일하게 감습니다.

6 다 감고 난 뒤, 실 끝은 보빈의
모서리 부분에 끼워줍니다.

7 번호 스티커나 펜을 사용해
실 번호를 표기합니다.

실의 가닥 빼서 바늘 넣기

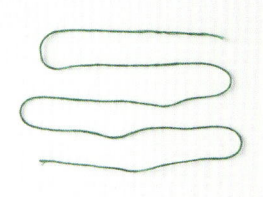

1 필요한 만큼의 실을 잘라 준비합니다.

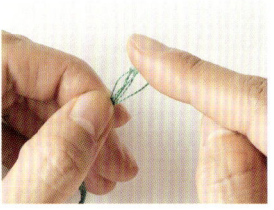

2 실 끝을 손가락으로 비벼 가닥을 분리시킵니다.

3 한 가닥을 잡고 천천히 당겨 뺍니다.

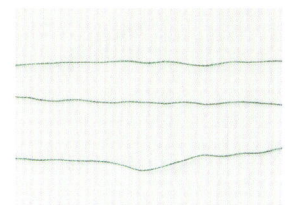

4 한 가닥씩 분리한 실을 필요한 만큼 다시 합칩니다.

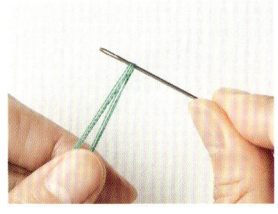

5 실을 바늘에 걸쳐 팽팽하게 당깁니다.

6 접힌 실을 손가락 끝으로 눌러 잡아 바늘 밖으로 빼낸 뒤,

7 접힌 채로 바늘귀에 밀어 넣습니다.

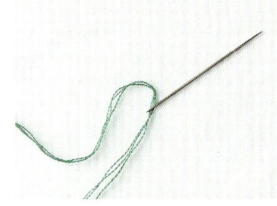

8 바늘귀에 실 넣기 성공!

실 매듭 짓기

1 실에 바늘을 꿴 채 사진과 같이
실의 한쪽 끝을 잡습니다.

2 바늘 끝을 실 위에 올려줍니다.

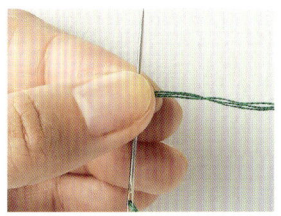

3 만나는 부분을 엄지로 눌러
잡습니다.

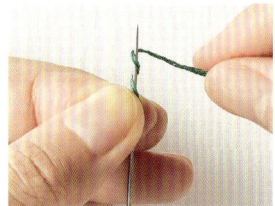

4 바늘에 실을 두 바퀴 감습니다.

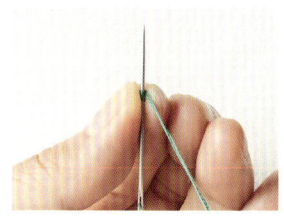

5 실을 내려 손가락 사이로
숨겨줍니다.

6 실을 눌러 잡은 동시에 바늘만
위로 올려서 뺍니다.

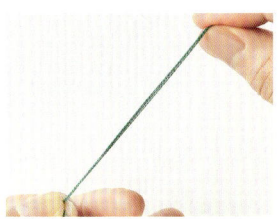

7 실을 끝까지 당깁니다.

8 끝 부분은 2mm 정도 남기고
잘라 정돈합니다.

도안 옮기기

1 수용성 심지, 도안, 열펜을 준비합니다.

2 도안 위에 심지를 올립니다.

3 열펜으로 선을 따라 그립니다.

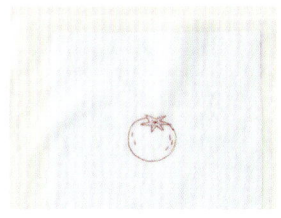

4 심지에 도안을 옮긴 모습.

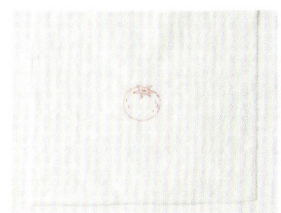

5 수놓을 천 위에 도안을 옮긴 심지를 올립니다.

6 수틀에 천과 심지를 동시에 끼워 고정합니다.

마무리하기

1 실을 당긴 채 그 위에 바늘을 올립니다.

2 사진과 같이 감은 실 사이로 바늘을 통과시킵니다.

3 실을 양쪽으로 팽팽하게 잡아당겨 천과 맞닿게 조입니다.

4 천과 실이 맞닿은 부분을 누른 채 실을 끝까지 당깁니다.

5 매듭이 완성된 모습.

6 근처 실 밑으로 바늘을 통과시킵니다.

7 한 번 더 반복합니다.

8 끝 부분을 짧게 자릅니다.

9 깔끔하게 마무리된 모습!

멘티와 매일매일 자수 2
휴식이 필요해

1판1쇄 펴냄 2021년 2월 19일

지은이 류성아
사진 15studio 이현실

펴낸이 김경태
편집 홍경화 성준근 남슬기
디자인 김리영 / 박정영 김재현
마케팅 곽근호 전민영
펴낸곳 (주)출판사 클
출판등록 2012년 1월 5일 제311-2012-02호
주소 03385 서울시 은평구 연서로26길 25-6
전화 070-4176-4680
팩스 02-354-4680
이메일 bookkl@bookkl.com
ISBN 979-11-90555-42-5 13630
이 도서의 국립중앙도서관 출판예정도서목록(CIP)은 서지정보유통지원시스템 홈페이지(http://seoji.nl.go.kr)와
국가자료공동목록시스템(http://www.nl.go.kr/kolisnet)에서 이용하실 수 있습니다.

* 이 책은 저작권법에 의해 보호를 받는 저작물이므로 무단 전재 및 무단 복제를 금합니다.
* 잘못된 책은 바꾸어드립니다.